· Sumario

García, Hugo H.
Crochet : AMIGURUMIS / Hugo H. García. - 1a ed ilustrada. - San Isidro EVIA Ediciones, 2017.

1. Crochet. I. Título.

CROCHET AMIGURUMIS
©EVIAEDICIONES

www.eviaediciones.com

· Editorial

Bienvenidas a esta maravillosa técnica japonesa, llamada "amigurumi".

Según la tradición japonesa, cada amigurumi que creamos posee alma; y nos brinda protección y consuelo en momentos difíciles. Por este motivo en Japón suelen regalarse como amuletos.

La satisfacción de regalar un muñequito hecho con nuestras propias manos es inigualable, y más al ver la cara de alegría de un pequeño dueño al recibirlo. Además, verán que no solo los niños disfrutarán de estas bellas creaciones.

Y algo muy importante, es que este lindo pasatiempo puede convertirse también en un muy buen emprendimiento.

Lo fundamental para emprender juntas este viaje, es comprender la técnica básica que hemos elaborado muy detalladamente, para luego con mayor confianza poder realizar los proyectos más complejos.

10. Ositos con pulóver

13. Muñequitos con bufanda

16. Gatitos siameses

25. Ovejas

28. Jirafas

31. S.O.S del crochet

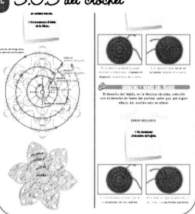

· Materiales

• Los materiales básicos para tejer un amigurumi son: agujas de crochet, tijera, marcapuntos, aguja para coser lana, hilado (a elección).

• El vellon servirá como relleno.

• Utilizamos cintas y cascabeles como accesorios para algunos de los muñecos.

• Los marcapuntos se adquieren en mercerías, laneras o sitios de venta online; pero también se puede reemplazar por elementos de uso diario, como alfileres de gancho o clips.

• Los ojitos plásticos de seguridad, se pueden conseguir en algunas mercerías, laneras y también por internet. En caso de no contar con este material, pueden hacer las veces de ojitos, perlitas y botones.

• La aguja de crochet debe seleccionarse en concordancia con el hilado que se utilizará. Para tejer hilo rústico o multicabo, que es el que se ha utilizado en la mayoría de los muñecos de esta edición, se recomienda la aguja 0000 o Nº 3. Para tejer el hilado Astrakán, que se utilizó en la ovejita, se recomienda la aguja Nº 6. Y recuerde: la elección del hilado y la aguja influirán en el tamaño final del amigurumi.

PUNTOS Y ABREVIATURAS UTILIZADAS

- ○ ANILLO MÁGICO
- PUNTO (p.)
- HILERA (hil.)
- SIGUIENTE (sig.)
- ⌢ AUMENTOS (aum.)
- ⌣ DISMINUCIONES (dism.)

- ○ PUNTO CADENA (c.)
- ● PUNTO ENANO (p. enano)
- + MEDIO PUNTO (m.p.)
- T MEDIA VARETA (m.v.)
- ╪ VARETA (v.)
- ⊕ MOTAS

ASTERISCOS (SIGNOS DE REPETICIÓN)

La expresión: "repetir de * a *" ("se lee de asterisco a asterisco"), se encuentra en muchas de las explicaciones e indica que se debe repetir sucesivamente una secuencia de puntos específica, justamente la que se encuentra detallada entre los * *. Por ejemplo: tejer *1 medio punto, 3 cadenas y saltar 1 punto de base*, repetir de * a * hasta completar la hilera.

ESQUEMAS

Son mapas detallados del tejido y muestran siempre el lado derecho. Permiten ver rápidamente qué se va a tejer antes de comenzar.
Se "leen" desde abajo hacia arriba.
La cadena de base se interpreta de izquierda a derecha; por lo tanto las hileras impares, de derecha a izquierda; y las pares de izquierda a derecha. Para los tejidos en círculos los diagramas se leen desde el centro y en sentido contrario al de las agujas del reloj.

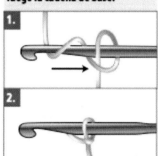

En este ejemplo, los símbolos representan los puntos que se van a tejer: cada óvalo equivale a 1 punto enano, y cada palito cruzado con una línea es 1 medio punto.

★ NUDO DE INICIO
A partir de este nudo se hace luego la cadena de base.

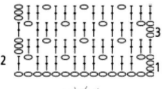

Formar un rulo alrededor de la aguja y hacer una lazada. Sacar la lazada por el rulo formando el nudo.

★ PUNTO ENANO
Se realiza igual que la cadena pero tomando la lazada a través de un punto de base.

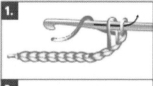

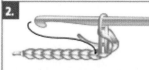

Formar un rulo alrededor de la aguja y hacer una lazada. Sacar la lazada por el rulo formando el nudo.

★ PUNTO CADENA
Se trabaja a lo largo y se va formando una hilera de puntos. El 1° punto de la cadena es el nudo de inicio.

Tomar la hebra y hacer una lazada. Mover siempre la aguja desde atrás hacia adelante.

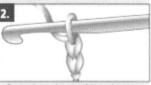

Pasar el gancho por el 1° nudo arrastrando la hebra para formar el nuevo punto. Repetir.

★ MEDIO PUNTO
Es el otro punto básico de crochet y también se lo llama p. bajo.

Hacer 1 punto cadena (es la cantidad que requiere este punto en su altura al comenzar cada hilera), e introducir la aguja en un punto cadena de base.

Hacer una lazada y sacarla a través del punto cadena del paso 1. De esta forma quedan dos lazadas en la aguja.

Volver a hacer una lazada en la aguja y sacarla por las dos lazadas.

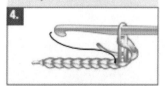

Continuar insertando la aguja en otro punto de la cadena y repetir los pasos 2 y 3.

★ PUNTO VARETA

Se hace de la misma manera que la media vareta pero con un paso adicional; es decir, 1 lazada más.

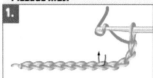

1. Hacer una lazada e introducir la aguja en el 5º punto de base.

2. Volver a enlazar la hebra y sacarla por el primer punto (quedan 3 lazadas).

3. Volver a enlazar la hebra y sacarla a través de las dos primeras.

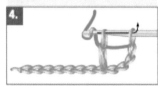

4. Por último, enlazar por 3º vez.

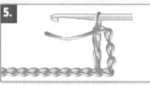

5. Sacar la aguja por las lazadas restantes.

★ MOTAS

(varetas que se cierran juntas)
Las motas están formadas por un número variado de varetas (de cualquier tipo), que se cierran juntas. Se tejen varetas que pican en el mismo punto, pero se dejan en suspenso hasta hacer la última, que cierra las anteriores.

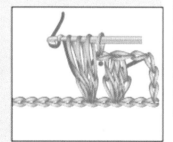

★ ANILLO MÁGICO

La característica principal de este comienzo, es que un extremo de la hebra queda en el centro del anillo formado y, al finalizar, se ajusta o afloja el diámetro, según la medida deseada.

1. Hacer un rulo con la hebra e introducir la aguja. Hacer una lazada y sacarla por el rulo formando un punto.

2. Volver a enlazar la aguja y pasarla por el punto formado (igual que el nudo de inicio). Se obtiene un punto cadena que sostiene la anilla.

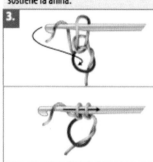

3.

Comenzar la 1º vuelta tejiendo 1 o varias cadenas, dependiendo de la altura del punto que se va a tejer. Por ejemplo, si se trabaja en medio punto, comenzar con 1 cadena. Seguir tejiendo cada punto tomando la lana de la anilla, hasta tejer la cantidad necesaria para la vuelta.

★ MEDIA VARETA

Este punto es levemente más alto que el medio punto.

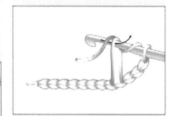

Hacer 2 p. cadena, una lazada e introducir la aguja dentro de 1 p. de base. Volver a enlazar la hebra y sacarla hacia adelante. Quedan 2 lazadas en la aguja.

Enlazar nuevamente (quedan 3 lazadas en la aguja) y sacarla hacia adelante por todas las lazadas. De esta manera se cierra el punto de una sola vez.

★ BACKLOOP (p. canalé)

Para tejer en canalé, los puntos se tejen de manera normal, lo que cambia es la forma en que se toma el punto de base.

Cada vez en las explicaciones se mencione "backloop" debe cambiarse la forma de tomar el punto de base. Se debe introducir la aguja tomando solo la hebra de atrás del punto de base, luego se sigue el tejido del punto normalmente.
El efecto que se genera en el tejido es similar a un cordón. A esta transformación se la denomina "canalé".

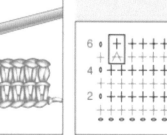

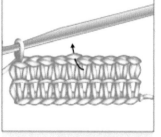

★ AUMENTOS

Tejer el medio punto donde se indica el aumento, luego introducir la aguja en el mismo punto de base, realizar otro medio punto. El aumento se hace visible en la siguiente hilera.

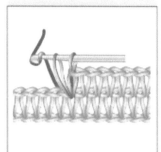

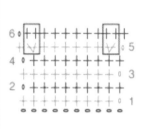

★ DISMINUCIONES

Hacer el medio punto donde se indica la disminución, sacar la lazada del punto de base y sin terminar el punto, introducir la aguja en el siguiente y realizar lo mismo, con 3 lazadas en la aguja, volver a enlazar y cerrar los 2 puntos juntos de una sola vez.

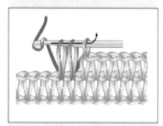

Tu primer amigurumi

Es ideal tejer como primer proyecto este conejito, ya que adquirirán diferentes conocimientos:
hacer un anillo mágico, decorar una cara, rellenar y coser las diferentes partes que lo componen. Estas tareas les brindarán confianza para tejer luego los proyectos más complejos.

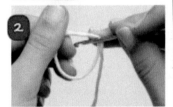

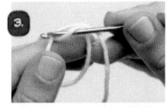

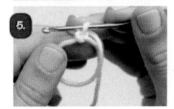

· Anillo mágico

Es el comienzo de todas las piezas circulares para que éstas queden perfectamente cerradas y especialmente prolijas.

1. Enrollamos el hilo alrededor de los dedos índice y medio.
2. Atravesamos el anillo con la aguja, trayendo hacia adelante la hebra.
3. Una vez hecho esto, nos posicionamos con la aguja para asegurarnos con un punto al anillo.
4 y 5. Tomamos nuevamente una lazada y pasamos esta hebra por la anterior, para sujetarnos al anillo. Una vez pasada la hebra por dentro de la cadena inicial, el punto de unión debería verse como en la foto. Este punto de unión al anillo no debe ser contado como primer punto.
En este paso finaliza el anillo mágico.
A partir de esta instancia comienza a tejerse la 1° hilera.

· Cabeza

1° HILERA: realizar 6 m.p. dentro de un anillo mágico (quedan 6 m.p.). Al final de cada hilera, entre paréntesis, se indica la cantidad de puntos que debemos tener al terminar el tejido de dicha hilera.
Para cerrar la 1° hilera, posicionados en el último punto, realizamos 1 p. enano atravesando la primera cadena del anillo. De esta manera quedará formado el anillo con

6 m.p., que será contado como primera hilera. Tiramos del hilo sobrante y nuestro anillo o primera hilera quedará cerrado.
Luego de realizar el anillo, continuaremos tejiendo en espiral. No necesitará de una cadena de subida para pasar a la siguiente hilera, sino que se continuará tejiendo normalmente como si fuera el siguiente punto de base.

Las siguientes hileras se conforman de la siguiente manera:
2° HILERA: realizar 2 m.p. en cada punto de la hilera anterior (12 m.p/aumentos)
Al realizar el 1° medio punto, debemos colocar un marcapuntos. Éste nos indicará siempre el comienzo de una hilera.
Continuamos tejiendo la segunda hilera, realizando los 2 m.p. en cada punto base, como se puede observar en la imagen N° 7. Antes de comenzar la siguiente hilera, quitamos el marcapuntos.

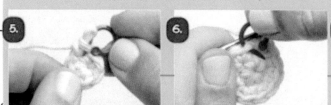

3° HILERA: *1m.p., 1 aumento*. Repetir de * a * (18 m.p.).
Luego de realizar el primer punto de la hilera, colocamos nuevamente el marcapuntos para resaltar el comienzo de la hilera.
4° HILERA: *2 m.p., 1 aumento*. Repetir de * a * (24 m.p.).
5° HILERA: *3 m.p., 1 aumento*. Repetir de * a * (30 m.p.).
6° HILERA: realizar 1 m.p. en cada punto base (30 m.p.).
7° HILERA: *4 m.p., 1 aumento*, repetir de * a * (36 m.p.).

8° A 12° HILERA: realizar 1 m.p. en cada punto base (36 m.p.).
Luego de varias hileras, nuestro tejido empezará a curvarse.

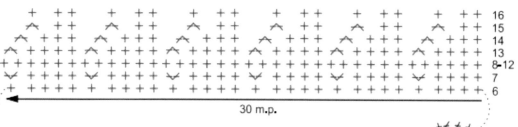

30 m.p.

13° HILERA: *4 m.p., 1 disminución (2 medios puntos que cierran juntos)*. repetir de * a * (30 m.p.).
14° HILERA: *3 m.p., 1 disminucion*, repetir de * a * (24 m.p.).
15° HILERA: *2 m.p., 1 disminucion*, repetir de * a * (18 m.p.).
16° HILERA: realizar 1 m.p. en cada punto base (18 m.p.).
Realizar un p. enano en el siguiente punto. Cortar la hebra dejando unos centímetros de hilado para coser al cuerpo. Aquí termina la cabeza.

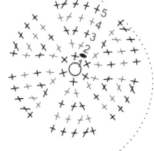

Relleno y armado

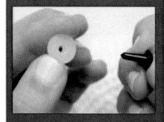

Los ojos de seguridad constan de dos partes: una externa y una interna.

Ojos y nariz

Los ojos de los amigurumi pueden ubicarse a gusto, del mismo modo que el bordado de la nariz.
En este caso debemos ubicar los ojos entre la 9° y 10° hilera, con 10 puntos de separación entre sí.

Para bordar la nariz, utilizaremos hilado negro y una aguja para coser lana. Hacerlo entre la 9° y 11° hilera abarcando 2 puntos. La nariz debe quedar centrada a 4 puntos de cada ojo.

· Cuerpo

Comenzar con color blanco de la siguiente manera:
1° HILERA: realizar 6 m.p. dentro de un anillo mágico (6 m.p.).
2° HILERA: realizar 2 m.p. en cada punto base (12 m.p.).
3° HILERA: *1 m.p., 1 aumento*. Repetir de * a * (18 m.p.).
4° HILERA: *2 m.p., 1 aumento*. Repetir de * a * (24 m.p.).
5° HILERA: *3 m.p., 1 aumento*. Repetir de * a * (30 m.p.).
6°A 7° HILERA: realizar 1 m.p. en cada punto base (30 m.p.).
Cambiar a color rojo.
8° HILERA: con el nuevo color, realizar 1 m.p. en cada punto base (30 m.p.).
9° HILERA: realizando backloops efectuar 1 m.p. en cada punto base (30 m.p.).
10° HILERA: *3 m.p., 1 disminución*. Repetir de * a * (24 m.p.).
11° HILERA: realizar 1 m.p. en cada punto base (24 m.p.).
12° HILERA: *2 m.p., 1 disminución*, repetir de * a * (18 m.p.).
13° A 14° HILERA: realizar 1 m.p. en cada punto base (18 m.p.).
Realizar 1 punto enano en el siguiente punto y cortar la hebra.

· Cambio de color

Para cambiar de color prolijamente, cerrar el último punto de la hilera con el nuevo color y continuar tejiendo normalmente.

30 m.p.

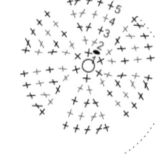

· Orejas

Con color blanco, hacer dos piezas iguales de la siguiente manera:
1° HILERA: realizar 6 m.p. en un anillo mágico (6 m.p.).
2° HILERA: *1 m.p., 1 aumento*. Repetir de * a * (9 m.p.).
3° HILERA: *2 m.p., 1 aumento*. Repetir de * a * (12 m.p.).
4° HILERA: realizar 1m.p. en cada punto base (12 m.p.).
5° HILERA: *2 m.p., 1 disminucion*, repetir de * a * (9 m.p.).
6° HILERA: realizar 1 m.p. en cada punto base (9 m.p.).
Realizar 1 p. enano en el siguiente punto base y cortar la hebra dejando unos centímentros para luego coser la oreja a la cabeza.

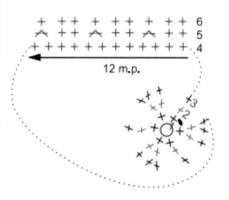

12 m.p.

· Patas

Con color blanco, realizar dos piezas iguales de la siguiente manera:
1° HILERA: realizar 8 m.p. dentro de un anillo mágico (8 m.p.).
2ª A 5ª HILERAS: realizar 1 m.p. en cada punto base (8 m.p.).
Realizar 1 punto enano en el siguiente punto y cortar la hebra dejando algunos centímentros para coser las piernas al cuerpo.

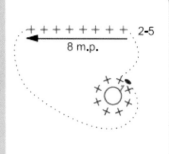

· Brazos

Hacer dos piezas iguales, de la siguiente manera:
1° HILERA: realizar 7 m.p. dentro de un anillo mágico (7 m.p.).
2ª Y 3ª HILERAS: realizar 1 m.p. en cada punto base (7 m.p.).
Cambiar a color rojo.
4ª A 7ª HILERA: realizar 1 m.p. en cada punto base (7 m.p.).
Realizar 1 punto enano en el siguiente punto y cortar la hebra dejando unos centímetros para coser los brazos al cuerpo.

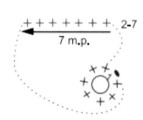

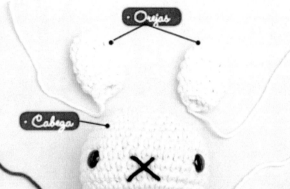

· Relleno y armado

Recuerde que debe rellenar previamente cada parte de nuestro amigurumi, antes de unirlas entre sí.

· Costuras

Debemos unir cada una de las partes con costura para así formar el amigurumi terminado.
Para que quede lo más prolijo posible, la costura debe comenzar y terminar en la parte posterior del muñeco.

La misma se realiza cosiendo un punto de la primer parte con un punto de la segunda. De esta manera (1 a 1) la costura será prolija.

Luego, continuamos cosiendo el resto de las partes de nuestro conejito (orejas, piernas, brazos).

· Terminación

Nuestro conejito quedará finalizado cuando se terminen de rellenar cada una de las partes y se cosan entre sí.

¡Felicitaciones!
¡Juntas ya hemos terminado nuestro primer amigurumi!

Amigables y bien abrigados, estos ositos tienen las dimensiones ideales para el abrazo de los más chicos.

· Hocico

1° HILERA: con hilado color crudo, tejer 6 m.p. dentro de un anillo mágico. Cerrar la hilera con un p. enano.

2° HILERA: tejer 2 m.p. en cada p. de la hil. anterior (quedan 12 m.p.).

Cortar el hilado dejando unos centímetros de más para, después, poder coser el hocico a la cabeza.

· Cabeza

1° HILERA: con hilado negro, tejer 6 m.p. dentro de un anillo mágico. Cerrar la hilera con un p. enano.

2° HILERA: tejer 2 m.p. en cada p. de base (quedan 12 m.p.).

3° HILERA: tejer *1 m.p., 1aum.*. Repetir de * a * (queden 18 m.p.).

4° HILERA: tejer *2 m.p., 1aum.*. Repetir de * a * (quedan 24 m.p.).

5° HILERA: tejer *3 m.p., 1aum.*. Repetir de * a * (quedan 30 m.p.).

6° HILERA: tejer *4 m.p., 1aum.*. Repetir de * a * (quedan 36 m.p.).

7° HILERA: tejer *5 m.p., 1aum.*. Repetir de * a * (quedan 42 m.p.).

8° HILERA: tejer *6 m.p., 1aum.*. Repetir de * a * (quedan 48 m.p.).

9° HILERA: tejer *7 m.p., 1aum.*. Repetir de * a * (quedan 54 m.p.).

10° A 15° HILERA: tejer 1 m.p. en cada p. de la hil. anterior.

Ubicar los ojos entre la 13° y 14° hil. contando 16 p. de separación.

16° HILERA: tejer *7 m.p., 1 dism.*. Repetir de * a * (quedan 48 m.p.).

17° HILERA: tejer *6 m.p., 1 dism.*. Repetir de * a * (quedan 42 m.p.).

18° HILERA: tejer *5 m.p., 1 dism.*. Repetir de * a * (quedan 36 m.p.).

Ubicar el hocico entre la 11° y 15° hil., cuidando que quede centrado entre ambos ojos. Colocar la nariz plástica o bordarla.

19° HILERA: tejer *4 m.p., 1 dism.*. Repetir de * a * (quedan 30 m.p.).

20° HILERA: realizar *3 m.p., 1 dism.*. Repetir de * a *.

Realizar 1 p. enano en el sig. p., cortar el hilado dejando algunos centímetros de más para luego coser la cabeza al cuerpo.

Rellenar la cabeza con vellón.

MATERIALES:

- Hilo multicabo y/o rústico en los siguientes colores: negro, rojo, blanco, crudo, celeste (hilados de ARPA)
- Ojitos plásticos negros N° 10
- Nariz plástica
- Vellón
- Aguja 0000 o N° 3
- Aguja para coser lana

PUNTOS UTILIZADOS:

- Anillo mágico
- Cadena (c)
- Medio punto (m.p)
- Punto enano (p. enano)

54 m.p.

20
19
18
17
16
10-15

En las indicaciones están detallados los pasos a seguir para tejer el osito color negro; en caso de querer tejer el osito de color blanco, se debe cambiar únicamente la gama de colores, ya que ambos se tejen con el mismo patrón.

· Brazos

Se realizan dos iguales, que comienzan con hilado color negro de la siguiente manera:

1° HILERA: tejer 6 m.p. dentro de un anillo mágico. Cerrar la hilera con un p. enano.

2° HILERA: tejer 2 m.p. en cada p. de la hil. anterior (quedan 12 m.p.).
Cambiar a color blanco.

3° Y 4° HILERA: tejer 1 m.p. en cada p. de la hil. anterior (quedan 12 m.p.).
Cambiar a color rojo.

5° HILERA: realizar * 2 mp, 1 dism.*. Repetir de * a * (quedan 9 m.p.).

6° HILERA: tejer 1 m.p. en cada p. de la hil. anterior (quedan 9 m.p.).
Cambiar a color blanco durante 2 hileras y continuar cambiando de color (rojo y blanco alternadamente) cada 2 hileras.

7° A 17° HILERA: tejer 1 m.p. en cada p. de la hil. anterior (quedan 9 m.p.).

Hacer 1 p. enano en el sig. p., cortar el hilado dejando algunos centímetros de más para luego poder coser los brazos al cuerpo.
Rellenar los brazos con vellón.

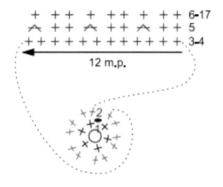

12 m.p.

· Orejas

Se realizan dos iguales, con color negro:

HILERA 1: tejer 6 m.p. dentro de un anillo mágico.

HILERA 2: tejer 2 m.p. en cada p. de la hil. anterior (quedan 12 m.p.).

HILERA 3 A 5: tejer 1 m.p. en cada p. de la hil. anterior.

Hacer 1 p. enano en el sig. p., cortar el hilado dejando algunos centímetros de más, para luego poder coser las orejas a la cabeza. Las orejas no deben rellenarse.

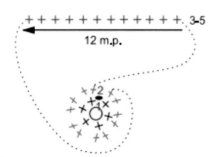

12 m.p.

· Cuerpo

1° HILERA: con hilado blanco, tejer 24 c. y cerrar, formando un anillo, uniendo con 1 p. enano el principio con el final. Cerrar la hilera con un p. enano.

2° A 3° HILERA: realizar 1 m.p. en cada p. de la hil. anterior (hasta la 14° hil. quedarán siempre 24 m.p.).
Cambiar a color rojo.

4° A 5°HILERA: realizar 1 m.p. en cada p. de la hil. anterior.
Cambiar a color blanco.

6° A 7° HILERA: tejer 1 m.p. en cada p. de la hil. anterior.
Cambiar a color rojo.

8° A 9° HILERA: realizar 1 m.p. en cada p. de la hil. anterior.
Cambiar a color blanco.

10° A 11° HILERA: tejer 1 m.p. en cada p. de la hil. anterior.
Cambiar a color rojo.

12° A 13° HILERA: tejer 1 m.p. en cada p. de la hil. anterior.
Cambiar a color blanco.

14° HILERA: tejer 1 m.p. en cada p. de la hil. anterior.

15° HILERA: realizar * 7 m.p., 1 aum. Repetir de * a * (27 m.p.).
Rellenar parcialmente el cuerpo con vellón.
Cambiar a color azul o celeste para tejer el pantalón.

16° A 19° HILERA: tejer 1 m.p. en cada p. de la hil. anterior (27 m.p.).

20° HILERA: tejer *7 m.p., 1 dism.*. Repetir de * a * (quedan 24 m.p.).

21° HILERA: a partir de esta hil. se comienza a tejer la primera pierna. Tejer en m.p. hasta posicionarse en la mitad del cuerpo y efectuar 12 m.p., marcando el 1° punto. Continuar tejiendo así, en espiral, cada una de las piernas por separado (12 m.p. en total).

22° A 27° HILERA: tejer 1 m.p. en cada p. de la hil. anterior (12 m.p.).

28° HILERA: realizar *3 m.p., 1 aum.*. Repetir de * a * (15 m.p.).
Cambiar a color negro o marrón para tejer los zapatitos.

29° A 30° HILERA: tejer 1 m.p. en cada p. de la hil. anterior (15 m.p.).

31° HILERA: realizar *3 m.p., 1 dism.* Repetir de * a * (quedan 12 m.p.).

32° HILERA: tejer 1 m.p. en cada p. de la hil. anterior (quedan 12 m.p.).

33° HILERA: tejer 6 dism. (quedan 6 m.p.).
Se debe repetir el proceso desde la 21° a la 33° hil. para cada una de las piernas.
Rellenar las piernas con vellón.
Cortar el hilado dejando unos centímetros de más. Con aguja para coser lana cerrar los puntos de cada pie.

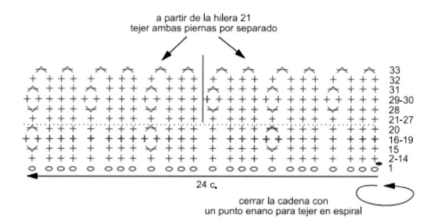

a partir de la hilera 21 tejer ambas piernas por separado

24 c.

cerrar la cadena con un punto enano para tejer en espiral

· Terminación

• Coser la cabeza al cuerpo.

• Coser las orejas a la cabeza.

• Coser brazos a los costados de cuerpo.

MATERIALES:

- Hilo multicabo y/o hilo rústico en los siguientes colores: azul, rojo, crudo (hilados de ARPA)
- Ojitos plásticos negros N° 10
- Vellón
- Aguja 0000 o N° 3
- Aguja para coser lana

PUNTOS UTILIZADOS:

- Anillo mágico
- Cadena (c)
- Medio punto (m.p)
- Punto enano (p. enano)
- Punto mota (p. mota)
- Vareta (v.)
- Media vareta (m.v.)

Sr. y Sra. invierno

Dos simpáticos personajes con diferentes accesorios, divertidos y fáciles de hacer.

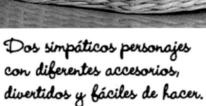

Las indicaciones están dadas para realizar el sombrerito de orejas, pero puede realizarse el mismo sombrero sin orejas, para que quede como el de color rojo.

Con hilado color crudo o piel tejer de la siguiente manera:

1° HILERA: tejer 7 m.p. dentro de un anillo mágico. Cerrar la hilera con un p. enano.

2° HILERA: tejer 2 m.p. en cada p. de la hil. anterior (quedan 14 m.p.).

3° HILERA: tejer *1 m.p., 1 aum.*. Repetir de *a* (quedan 21 m.p.).

4° HILERA: tejer *2 m.p., 1 aum.*. Repetir de *a* (quedan 28 m.p.).

5° HILERA: tejer *6 m.p., 1 aum.*. Repetir de *a* (quedan 32 m.p.).

6° HILERA: tejer *7 m.p., 1 aum.*. Repetir de *a* (quedan 36 m.p.).

7° HILERA: tejer *8 m.p., 1 aum.*. Repetir de *a* (quedan 40 m.p.).

8° A 12 HILERA: tejer 1 m.p. en cada p. de la hil. anterior (40 m.p.).

Posicionar los ojos entre la 12° y 13° hil., contando entre ellos 10 p. de separación.

Bordar en la 13° hil. la nariz, centrada entre ambos ojos.

Rellenar parcialmente la cabeza con vellón.

13° HILERA: tejer *8 m.p., 1 dism.*. Repetir de *a* (quedan 36 m.p.).

14° HILERA: tejer *4 m.p., 1 dism.*. Repetir de *a* (quedan 30 m.p.).

15° HILERA: tejer *3 m.p., 1 dism.*. Repetir de *a* (quedan 24 m.p.).

16° HILERA: tejer *2 m.p., 1 dism.*. Repetir de *a* (quedan 18 m.p.).

Cambiar a color rojo o azul (se comienza a tejer el cuerpo a continuación de la cabeza).

17° HILERA: tejer 1 m.p. en cada p. de la hil. anterior (quedan 18 m.p.).

18° HILERA: tejer *8 m.p., 1 aum.*. Repetir de *a* (quedan 20 m.p.).

19° A 20° HILERA: tejer 1 m.p. en cada p. de la hil. anterior (20 m.p.).

21° HILERA: tejer *4 m.p., 1 aum.*. Repetir de *a* (quedan 24 m.p.).

22° HILERA: tejer *11 m.p., 1 aum.*. Repetir de *a* (quedan 26 m.p.).

23° HILERA: tejer *12 m.p., 1 aum.*. Repetir de *a* (quedan 28 m.p.).

24° HILERA: tejer 1 m.p. en cada p. de la hil. anterior (quedan 28 m.p.).

25° HILERA: tejer *6 m.p., 1 aum.*. Repetir de *a* (quedan 32 m.p.).

26° A 27° HILERA: tejer 1 m.p. en cada p. de la hil. anterior (32 m.p.).

Rellenar parcialmente el cuerpo con vellón.

Cambiar a color crudo o piel.

28° HILERA: con backloops, tejer 1 m.p. en cada p. de la hil. anterior (quedan 32 m.p.).

29° HILERA: tejer *6 m.p., 1 dism.*. Repetir de *a* (quedan 28 m.p.).

A partir de aquí se comienza a tejer la primera pierna. Separar los 28 m.p., en 14 m.p. para cada pierna, posicionándose en el centro de la parte trasera del muñeco para asegurarnos que las piernas queden distribuidas de manera simétrica. Colocar el marcapuntos en el centro, tejer 14 m.p. y tomar como 1° p. de la sig. hil. el p. señalado con el marcapuntos.

30° A 32° HILERA: tejer 1 m.p. en cada p. de la hil. anterior (quedan 14 m.p.).

33° HILERA: tejer 4 m.p., 6 aum., 4 m.p. (quedan 20 m.p.).

34° A 36° HILERA: tejer 1 m.p. en cada p. de la hil. anterior (20 m.p.).

37° HILERA: con backloops, tejer 10 disminuciones (quedan 10 m.p.).

38° HILERA: tejer 5 disminuciones (quedan 5 m.p.).

Rellenar las piernas con vellón, cortar el hilado dejando algunos centímetros de más para luego cerrar cada pie con unas puntadas, utilizando la aguja para coser lana.

Para que el muñeco se pueda parar correctamente, se deben hacer puntadas desde la base del pie hasta el interior de la pierna.

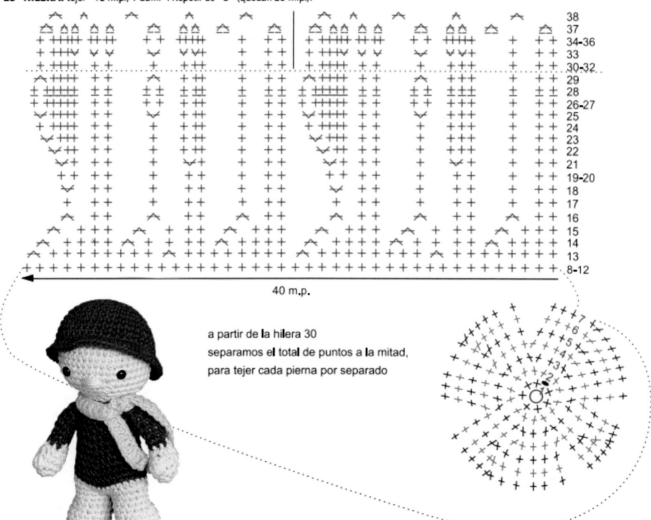

40 m.p.

a partir de la hilera 30
separamos el total de puntos a la mitad,
para tejer cada pierna por separado

· Brazos

Se realizan dos iguales, con color crudo o piel de la siguiente manera:
1° HILERA: tejer 5 m.p. dentro de un anillo mágico. Cerrar la hilera con un p. enano.
2° HILERA: tejer 2 m.p. en cada p. de la hil. anterior (quedan 10 m.p.).
3° HILERA: tejer *1 m.p., 1 aum.*. Repetir de *a* (quedan 15 m.p.).
4° HILERA: tejer 1 m.p., ,1 punto mota de 4 varetas, 13 m.p. (quedan 15 m.p.).
El punto mota será el encargado de dar el efecto de dedo de la mano.
Si no desea realizar el dedo de la mano, tejer en esta hil. 1 m.p. en cada p. de la hil. anterior, formando 15 m.p.
5° HILERA: tejer *1 m.p., 1 dism.*. Repetir de *a* (quedan 10 m.p.).
6° HILERA: tejer *3 m.p., 1 dism.*. Repetir de *a* (quedan 8 m.p.).
Cambiar al color del cuerpo.
7° A 13° HILERA: tejer 1 m.p. en cada p. de la hil. anterior (8 m.p.).
Rellenar el brazo con vellón.
Cortar el hilado dejando algunos centímetros de más para luego coser el brazo al cuerpo.

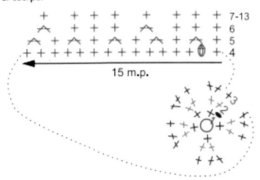

· Bufanda

1° HILERA: con un color a elección, tejer 50 c.
2° HILERA: tejer 1 v. en la 3° c. desde la aguja, continuar tejiendo en los sig. p. de base: 47 v. (quedan 48 v.).

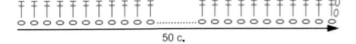

50 c.

· Orejas

Realizar dos, con el mismo color que el sombrero, de la siguiente manera:
1° HILERA: tejer 5 m.p. dentro de un anillo mágico. Cerrar la hilera con un p. enano.
2° HILERA: tejer 2 m.p. en cada p. de la hil. anterior (quedan 10 m.p.).
3° HILERA: tejer *1 m.p., 1 aum.*. Repetir de *a* (quedan 15 m.p.).
4° HILERA: tejer *2 m.p., 1 aum.*. Repetir de *a* (quedan 20 m.p.).
5° A 7° HILERA: tejer 1 m.p. en cada p. de la hil. anterior (quedan 20 m.p.).
8° HILERA: tejer *2 m.p., 1 dism.*. Repetir de *a* (quedan 15 m.p.).
9° HILERA: tejer *1 m.p., 1 dism.*. Repetir de *a* (quedan 10 m.p.).
Cortar el hilado y dejar unos centímetros de más para coser las orejas al sombrero.

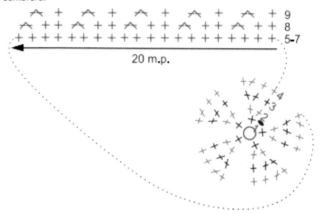

20 m.p.

· Sombrero

1° HILERA: con el mismo color de hilado del cuerpo, tejer 7 m.p. dentro de un anillo mágico. Cerrar la hilera con un p. enano.
2° HILERA: tejer 2 m.p. en cada p. de la hil. anterior (quedan 14 m.p.).
3° HILERA: tejer *1 m.p., 1 aum.*. Repetir de *a* (quedan 21 m.p.).
4° HILERA: tejer *2 m.p., 1 aum.*. Repetir de *a* (quedan 28 m.p.).
5° HILERA: tejer *6 m.p., 1 aum.*. Repetir de *a* (quedan 32 m.p.).
6° HILERA: tejer *7 m.p., 1 aum.*. Repetir de *a* (quedan 36 m.p.).
7° HILERA: tejer *8 m.p., 1 aum.*. Repetir de *a* (quedan 40 m.p.).
8° A 11° HILERA: tejer 1 m.p. en cada p. de la hil. anterior (40 m.p.).
12° HILERA: tejer *8 m.p., 1 dism.*. Repetir de *a* (36 m.p.).
13° HILERA: tejer 2 m.v. en cada p. de la hil. anterior (quedan 72 m.v.).
Cortar el hilado y, con la ayuda de una aguja, esconder la punta de hilo sobrante.

40 m.p.

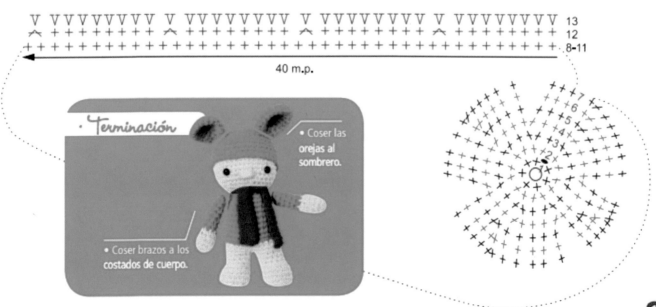

· **Terminación**

· Coser las orejas al sombrero.

· Coser brazos a los costados de cuerpo.

¡Murrumiauuu!

Gatitos de la buena suerte para jugar, decorar y también para regalar.

· Cara

Con color marrón, tejer de la siguiente manera:

1° HILERA: tejer 8 m.p. dentro de un anillo mágico. Cerrar la hilera con un p. enano.

2° HILERA: tejer 2 m.p. en cada p. de la hil. anterior (quedan 16 m.p.).

3° HILERA: tejer *1 m.p., 1 aum.*. Repetir de * a * (quedan 24 m.p.).

4° HILERA: tejer *2 m.p., 1 aum.*. Repetir de * a * (quedan 32 m.p.).

Realizar 1 p. enano en el sig. p., dejando una hebra larga para luego coser la cara a la cabeza.

En el caso de querer realizar un gatito Himalaya: los colores deben ser: gris y blanco

MATERIALES:

- Hilo multicabo y/o hilo rústico de los siguientes colores: beige, crudo y marrón (hilados de ARPA)
- Ojitos plásticos N° 12 color celeste.
- Vellón
- Aguja 0000 o N° 3
- Aguja para coser lana.

PUNTOS UTILIZADOS:

- Anillo mágico
- Cadena (c)
- Medio punto (m.p)
- Punto enano (p. enano)

· Cabeza

Con color beige, tejer de la siguiente manera:

1° HILERA: tejer 8 m.p. dentro de un anillo mágico. Cerrar la hilera con un p. enano.

2° HILERA: tejer 2 m.p. en cada p. de la hil. anterior (quedan 16 m.p.).

3° HILERA: tejer *1 m.p., 1 aum.*. Repetir de * a * (quedan 24 m.p.).

4° HILERA: tejer *2 m.p., 1 aum.*. Repetir de * a * (quedan 32 m.p.).

5° A 10° HILERA: tejer 1 m.p. en cada p. de la hil. anterior (quedan 32 m.p.).

Coser la cara a la cabeza y posicionar los ojitos N° 12 a gusto. Bordar el hocico.

11° HILERA: tejer *2 m.p., 1 dism.*. Repetir de * a * (quedan 24 m.p.).

12° HILERA: realizar * 2 mp, 1 dism*. Repetir de * a * (quedan 18 m.p.).

Cerrar con 1 p. enano en el sig. p. dejando una hebra larga para luego poder coser la cabeza al cuerpo. Rellenar con vellón.

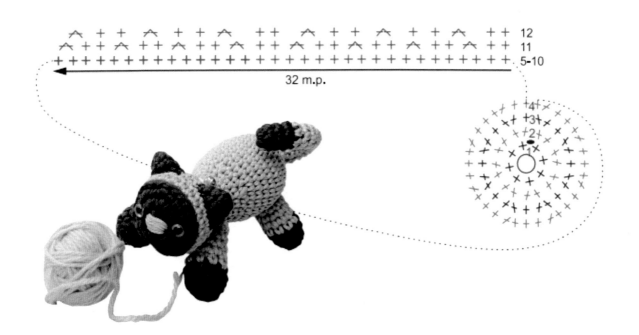

32 m.p.

¡Murrumiauuu!

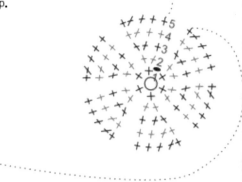

```
 +   + +   +   + +   +   + +   +   + +   +   + +   16-19
 + + +   + +   + + +   + +   + + +   + +   + + +   15
 + + +   + + +   + + +   + + +   + + +   + + +   11-14
 + + + +   + + + +   + + + +   + + + +   + + + +   10
 + + + + + + + + + + + + + + + + + + + + + + + + + + +   6-9
```

30 m.p.

Cuerpo

Con color beige, tejer de la siguiente manera:

1° HILERA: 6 m.p. dentro del anillo mágico. Cerrar la hilera con un p. enano.

2° HILERA: tejer 2 m.p. en cada p. de la hil. anterior (quedan 12 m.p.).

3° HILERA: tejer *1 m.p., 1 aum.*. Repetir de * a * (quedan 18 m.p.).

4° HILERA: tejer *2 m.p., 1 aum.*. Repetir de * a * (quedan 24 m.p.).

5° HILERA: tejer *3 m.p., 1 aum.*. Repetir de * a * (quedan 30 m.p.).

6° A 9° HILERA: tejer 1 m.p. en cada p. de la hil. anterior (quedan 30 m.p.).

10° HILERA: tejer *3 m.p., 1 dism.*. Repetir de * a * (quedan 24 m.p.).

11° A 14° HILERA: tejer 1 m.p. en cada p. de la hil. anterior.

15° HILERA: tejer *2 m.p., 1 dism.*. Repetir de * a * (quedan 18 m.p.).

16° A 19° HILERA: tejer 1 m.p. en cada p. de la hil. anterior.

Cerrar con 1 p. enano en el sig. p. y cortar la hebra. Rellenar el cuerpo con vellón.

Patas delanteras

Las patas delanteras deben ser más largas que las traseras para que el gatito quede "agachado" hacia adelante.

Comenzar con marrón de la siguiente manera:

1° HILERA: 5 m.p. dentro de un anillo mágico. Cerrar la hilera con un p. enano.

2° HILERA: tejer 2 m.p. en cada p. de la hil. anterior (quedan 10 m.p.).

3° A 4° HILERA: tejer 1 m.p. en cada p. de la hil. anterior.

Cambiar a color beige.

5° A 11° HILERA: tejer 1 m.p. en cada p. de la hil. anterior.

Cerrar con 1 p. enano en el sig. p. dejando una hebra larga para poder coser. Rellenar con vellón.

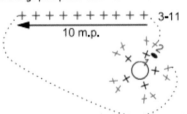

```
 + + + + + + + + +  3-11
```
10 m.p.

Cola

Comenzar con color marrón.

1° HILERA: 6 m.p. dentro del anillo mágico. Cerrar la hilera con un p. enano.

2° A 4° HILERA: tejer 1 m.p. en cada p. de la hil. anterior.

Cambiar a color beige.

5° A 7° HILERA: tejer 1 m.p. en cada p. de la hil. anterior.

8° A 22° HILERA: tejer 1 dism., 2 m.p., 1 aum., 1 m.p.

Cerrar con 1 p. enano en el sig. p. dejando una hebra larga para luego poder coser. Rellenar con vellón.

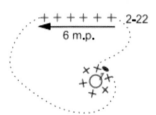

```
 + + + + + +  2-22
```
6 m.p.

Patas traseras

Comenzar con color marrón.

1° HILERA: 5 m.p. dentro del anillo mágico. Cerrar la hilera con un p. enano.

2° HILERA: tejer 2 m.p. en cada p. de la hil. anterior (10 m.p.).

3° A 4° HILERA: tejer 1 m.p. en cada p. de la hil. anterior.

Cambiar a color beige.

5° A 10° HILERA: tejer 1 m.p. en cada p. de la hil. anterior.

Cerrar con 1 p. enano en el sig. p. dejando una hebra larga para poder coser. Rellenar con vellón.

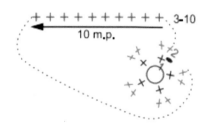

```
 + + + + + + + + + +  3-10
```
10 m.p.

Orejas

Con color marrón, tejer dos iguales:

1° HILERA: 4 m.p. dentro del anillo mágico. Cerrar la hilera con un p. enano.

2° HILERA: *1 m.p., 1 aum.*. Repetir de * a * (quedan 6 m.p.).

3° HILERA: *2 m.p., 1 aum.*. Repetir de * a * (quedan 8 m.p.).

4° HILERA: *3 m.p., 1 aum.*. Repetir de * a * (quedan 10 m.p.).

Cerrar con 1 p. enano en el sig. p. dejando una hebra larga para luego poder coser.

Rellenar con vellón.

Terminación

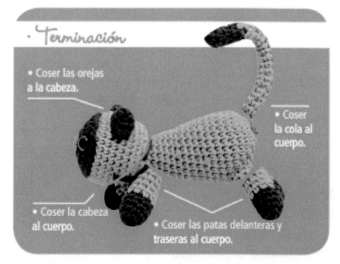

• Coser las orejas a la cabeza.

• Coser la cola al cuerpo.

• Coser la cabeza al cuerpo.

• Coser las patas delanteras y traseras al cuerpo.

MATERIALES:
- Hilo multicabo y/o hilo rústico en los siguientes colores: crudo, rojo, blanco y marrón. Para el cabello: hilo multicabo marrón e hilado Astrakán en color naranja (hilados de ARPA)
- Ojitos plásticos negros N° 10
- Vellón
- Aguja 0000 o N° 3 y N° 6
- Aguja para coser lana

PUNTOS UTILIZADOS:
- Anillo mágico
- Cadena (c)
- Medio punto (m.p)
- Punto enano (p. enano)

Mis muñecas

Una muñeca como las de antes: de cuerpo blando y largos cabellos, para jugar a inventarle peinados.

10 cm · 11 cm · 31 cm · 20 cm · 14 cm

En el interior de cada una de las extremidades de la muñeca, puede colocarse un alambre forrado.

Así, la muñeca puede articularse como en las fotos.

Esto permitirá que pueda doblar los brazos, piernas, etc.

Y ¡hasta podrá sentarse!

· Cabeza

Comenzar con el hilado color marrón, que será el cabello de esta muñeca, de la siguiente manera:

1° HILERA: realizar 8 m.p. dentro de un anillo mágico. Cerrar la hilera con un p. enano.

2° HILERA: realizar 2 m.p. en cada p. de la hil. anterior (quedan 16 m.p.).

3° HILERA: *1 m.p., 1aum.*. Repetir de *a* (quedan 24 m.p.).

4° HILERA: *2 m.p., 1aum.*. Repetir de *a* (quedan 32 m.p.).

5° HILERA: *3 m.p., 1aum.*. Repetir de *a* (quedan 40 m.p.).

6° HILERA: *4 m.p., 1aum.*. Repetir de *a* (quedan 48 m.p.).

7° y 8° HILERA: realizar 1 m.p. en cada p. de la hil. anterior.

9° A 21° HILERA: cambiar a color crudo o piel. Realizar 1 m.p. en cada p. de la hil. anterior.

Posicionar o bordar los ojos entre hileras 16 y 17, contando entre ambos 12 p. de separación. Bordar la nariz en la 18° hil., tomando solo 2 p. centrales entre ambos ojos y a 5 p. de cada uno.

22° HILERA: *4 m.p., 1 dism.*. Repetir de *a* (quedan 40 m.p.).

23° HILERA: *3 m.p., 1 dism.*. Repetir de *a* (quedan 32 m.p.).

24° HILERA: *2 m.p., 1 dism.*. Repetir de *a* (quedan 24 m.p.).

25° HILERA: *1 m.p., 1 dism.*. Repetir de *a* (quedan 16 m.p.).

Cortar el hilado dejando algunos centímetros de más para luego coser la cabeza al cuerpo.

Rellenar cabeza con vellón.

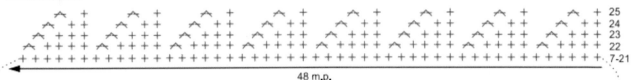

48 m.p.

· Piernas y cuerpo

Se comienza a tejer desde los pies hacia el cuerpo.

Piernas: se tejen por separado y luego se unen para continuar con el cuerpo.

1° HILERA: con el hilado color crudo o piel, tejer 6 m.p. dentro de un anillo mágico. Cerrar la hilera con un p. enano.

2° HILERA: tejer 2 m.p. en cada p. de la hil. anterior (quedan 12 m.p.).

3 A 25° HILERA: tejer 1 m.p. en cada p. de la hil. anterior (quedan 12 m.p.).

Cortar el hilado y comenzar con el tejido de la 2° pierna de la misma manera que se explicó la 1°.

Una vez tejidas ambas piernas, rellenarlas con vellón.

A partir de aquí, se trabaja desde el último punto de la 2° pierna para continuar con el cuerpo.

Cuerpo

26° HILERA: posicionados en el último p. de la 2° pierna, tejer 4 c. al aire, 12 m.p. sobre la 2° pierna, 4 m.p. sobre la c. y 12 m.p. sobre la 1° pierna (quedan 32 m.p.).

27° A 38° HILERA: tejer 1 m.p. en cada p. de la hil. anterior.

39° HILERA: *14 m.p., 1 dism.*. Repetir de *a* (quedan 30 m.p.).

40° HILERA: *13 m.p., 1 dism.*. Repetir de *a* (quedan 28 m.p.).

41° HILERA: *12 m.p., 1dism.*. Repetir de *a* (quedan 26 m.p.).

42° HILERA: *11 m.p., 1dism.*. Repetir de *a* (quedan 24 m.p.).

43° HILERA: *10 m.p., 1dism.*. Repetir de *a* (quedan 22 m.p.).

44° HILERA: *9 m.p., 1dism.*. Repetir de *a* (quedan 20 m.p.).

45° HILERA: *8 m.p., 1dism.*. Repetir de *a* (quedan 18 m.p.).

46° HILERA: *7 m.p., 1dism.*. Repetir de *a* (quedan 16 m.p.).

Cortar el hilado y rellenar el cuerpo con vellón.

· Brazos

Hacer dos piezas iguales, comenzando con color crudo o piel, de la siguiente manera:

1° HILERA: realizar 5 m.p. dentro de un anillo mágico. Cerrar la hilera con un p. enano.

1° HILERA: realizar 2 m.p. en cada punto de la hil. anterior (quedan 10 m.p.).

3 A 30° HILERA: realizar 1 m.p. en cada p. de la hil. anterior.

Cortar el hilado dejando algunos centímetros de más para luego coser los brazos al cuerpo. Rellenar los brazos con vellón.

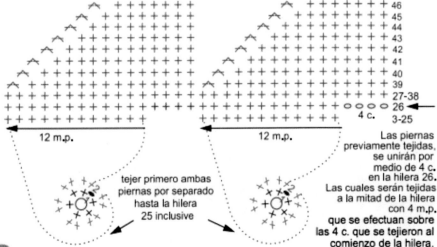

46	
45	
44	
43	
42	
41	
40	
39	
27-38	
26	
3-25	

4 c.

12 m.p.   12 m.p.

tejer primero ambas piernas por separado hasta la hilera 25 inclusive

Las piernas previamente tejidas, se unirán por medio de 4 c. en la hilera 26. Las cuales serán tejidas a la mitad de la hilera con 4 m.p. que se efectuan sobre las 4 c. que se tejieron al comienzo de la hilera.

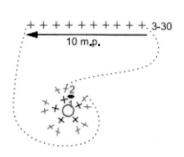

3-30

10 m.p.

· Peluca

La base de las pelucas, tanto para la marrón de trenzas como para la pelirroja, es la misma. Solo debe realizarse la base en hilo multicabo o rústico del mismo color que el cabello que se aplicará luego.

En este proyecto, hicimos una base en marrón y otra en naranja.

Base (con el mismo color del cabello que queremos realizar).

1° HILERA: tejer 8 m.p. dentro de un anillo mágico. Cerrar la hilera con un p. enano.

2° HILERA: tejer 2 m.p. en cada p. de la hil. anterior (quedan 16 m.p.).
3° HILERA: *1 m.p., 1aum.*. Repetir de *a* (quedan 24 m.p.).
4° HILERA: *2 m.p., 1aum.*. Repetir de *a* (quedan 32 m.p.).
5° HILERA: *3 m.p., 1aum.*. Repetir de *a* (quedan 40 m.p.).
6° HILERA: *4 m.p., 1aum.*. Repetir de *a* (quedan 48 m.p.).
7 A 13° HILERA: tejer 1 m.p. en cada p. de la hil. anterior (quedan 48 m.p.). Cortar el hilado sobrante y esconder con ayuda de una aguja en el tejido.

+ 7-13

48 m.p.

CABELLO: la colocación del cabello puede realizarse de dos maneras: se puede pegar o coser. En los dos casos, se recomienda dividir visualmente a la mitad la base y aplicar las hebras del hilado desde el centro hacia afuera. Aplicar pegamento (o coser); hacer lo propio sobre el recorrido de cada cabello sobre la base tejida, para que no se vea superficie sin cabello.

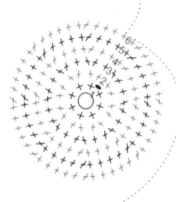

· Traje de baño

1° HILERA: con rojo, tejer 14 c. y unir con 1 p. enano la última cadena con la primera.
2° A 5° HILERA: tejer 1 m.p. en cada p. de la hil. anterior (quedan 14 m.p.).
6° A 7° HILERA: cambiar a blanco, tejer 1 m.p. en cada p. de la hil. ant.
8° A 10° HILERA: cambiar a rojo y tejer 1 m.p. en cada p. de la hil. ant.
Hasta aquí se ha tejido solo una pierna del short, se debe tejer otra pierna idéntica siguiendo los mismos pasos desde la hilera 1 a la 10.
Una vez tejidas ambas piernas del short, se unen por medio de cadenas para luego continuar el tejido del traje hacia arriba.
11° HILERA: al tener las dos piernas tejidas, posicionarse en el último p. de la 2° pierna y tejer 5 c. al aire, 14 m.p. sobre la 1° pierna, 5 m.p. sobre la c., 14 m.p. sobre la 2° pierna (quedan 38 m.p.).

12° A 13° HILERA: cambiar a blanco y tejer 1 m.p. en cada p. de la hil. ant.
14° A 18° HILERA: cambiar a rojo y tejer 1 m.p. en cada p. de la hil. ant.
19° A 20°° HILERA: cambiar a blanco, tejer 1 m.p. en cada p. de la hil. ant.
21° A 25° HILERA: cambiar a rojo y tejer 1 m.p. en cada p. de la hil. ant.
26° A 27° HILERA: cambiar a blanco y tejer 1 m.p. en cada p. de la hil. ant.
28° HILERA: cambiar a rojo y tejer *17 m.p., 1 dism.*. Repetir de *a* (quedan 36 m.p.).
29° HILERA: 6 m.p., 10 m.p. al aire (1° bretel), salteando 3 p. de base, 15 m.p., 10 m.p. al aire (2° bretel), salteando 3 p. base, 10 m.p. (quedan 50 m.p.).
30° HILERA: tejer 1 m.p. en cada p. de la hil. anterior. Cortar el hilado y esconder la hebra de manera prolija para que no se vea.

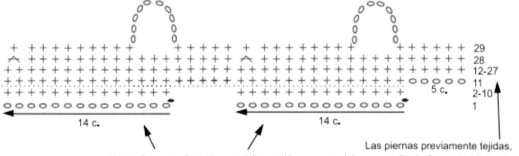

29
28
12-27
5 c. 11
2-10
1

14 c.

14 c.

tejer primero ambas piernas del pantalón hasta la hilera 14 inclusive

Las piernas previamente tejidas, se unirán por medio de 5 c. en la hilera 11. Las cuales, en la mitad de la hilera, serán tejidas con 5 m.p.

A medida que se avanza, revisar sobre nuestra muñeca como le queda el largo del traje de baño, ya que, de acuerdo al hilado y la aguja que utilicemos, tal vez necesitemos más o menos hileras para terminarlo.

Como el traje se teje de abajo hacia arriba, podemos probarle el traje y quitárselo nuevamente.

· Terminación

• Coser la cabeza al cuerpo.
• Coser brazos a los costados de cuerpo.

Agregar cabello en hilado multicabo o Astrakán, a la base tejida anteriormente. (Esto puede realizarse con pegamento o con costura).

¡Sin pan ni mostaza!

Divertidos perros salchicha, para recrear aventuras en cuatro patas.

22

· Cabeza

Comenzar con el hilado de color negro.

1° HILERA: tejer 5 m.p. dentro de un anillo mágico. Cerrar la hilera con un p. enano.

2° HILERA: tejer 2 m.p. en cada p. de la hil. anterior (quedan 10 m.p.).

3° A 4° HILERA: tejer 1 m.p. en cada p. de la hil. anterior (quedan 10 m.p.).

Cambiar al hilado color marrón.

5° HILERA: tejer 1 m.p. en cada p. de la hil. anterior (quedan 10 m.p.).

6° HILERA: tejer *1 m.p., 1 aum.*. Repetir de *a* (quedan 15 m.p.).

7° A 10° HILERA: tejer 1 m.p. en cada p. de la hil. anterior (quedan 15 m.p.).

11° HILERA: tejer *2 m.p., 1 aum.*. Repetir de *a* (quedan 20 m.p.).

12° A 13° HILERA: tejer 1 m.p. en cada p. de la hil. anterior (20 m.p.).

14° HILERA: tejer *3 m.p., 1 aum.*. Repetir de *a* (25 m.p.).

15° HILERA: tejer 1 m.p. en cada p. de la hilera anterior.

16° HILERA: tejer *4 m.p., 1 aum.*. Repetir de *a* (quedan 30 m.p.).

17° HILERA: tejer *5 m.p., 1 aum.*. Repetir de *a* (quedan 35 m.p.).

18° HILERA: tejer *6 m.p., 1 aum.*. Repetir de *a* (quedan 40 m.p.).

19° A 21° HILERA: tejer 1 m.p. en cada p. de la hil. anterior.

22° HILERA: tejer *6 m.p., 1 dism.*. Repetir de *a* (quedan 35 m.p.).

Ubicar los ojos tejidos en crudo entre las 14° y 20° hil. con 4 p. de separación entre sí.

Agregar en el centro de cada ojo tejido los ojitos plásticos N° 10 o bordarlos en color negro.

23° HILERA: tejer *5 m.p., 1 dism.*. Repetir de *a* (quedan 30 m.p.).

24° HILERA: tejer *4 m.p., 1 dism.*. Repetir de *a* (quedan 25 m.p.).

Coser las orejas detrás de los ojos en posición oblicua a partir de la 22° hil.

25° HILERA: tejer *3 m.p., 1 dism.*.Repetir de *a* (quedan 20 m.p.).

26° HILERA: tejer *2 m.p., 1 dism.*. Repetir de *a* (quedan 15 m.p.).

27° HILERA: tejer *1 m.p., 1 dism.*. Repetir de *a* (quedan 10 m.p.).

28° HILERA: realizar 5 dism. (5 m.p.).

Cortar el hilado dejando centimetros de más para luego con aguja de coser lana cerrar la cabeza.

Rellenar cabeza.

MATERIALES:

* Hilo multicabo y/o hilo rústico en diferentes colores. Para el perro salchicha tradicional: utilizar hilado marrón, crudo y negro. En caso de querer realizar los perros salchicha a rayas, se puede aprovechar restos de lana, o bien utilizar -como en los de la foto- hilo rústico o multicabo en colores: blanco, rosa y fucsia (hilados de ARPA)
* Ojitos plásticos negros N° 10
* Vellón
* Aguja 0000 o N° 3
* Aguja para coser lana

PUNTOS UTILIZADOS:

* Anillo mágico
* Cadena (c)
* Medio punto (m.p)
* Punto enano (p. enano)

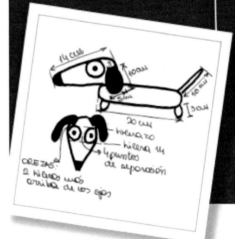

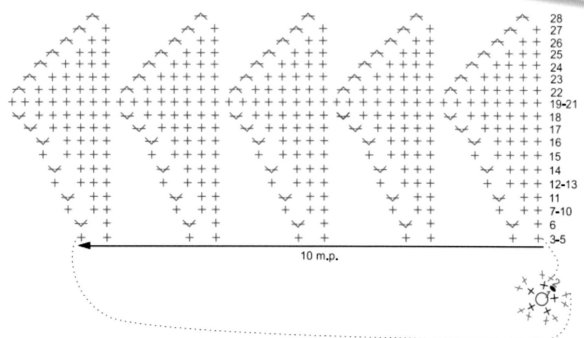

					28
					27
					26
					25
					24
					23
					22
					19-21
					18
					17
					16
					15
					14
					12-13
					11
					7-10
					6
					3-5

10 m.p.

· Cuerpo

Con hilado marrón, tejer de la siguiente manera:
1° HILERA: tejer 5 m.p. dentro de un anillo mágico. Cerrar la hilera con un p. enano.
2° HILERA: tejer 2 m.p. en cada p. de la hil. anterior (quedan 10 m.p.).
3° HILERA: tejer *1 m.p., 1 aum.*. Repetir de *a* (quedan 15 m.p.).
4° HILERA: tejer *2 m.p., 1 aum.*. Repetir de *a* (quedan 20 m.p.).
5° HILERA: tejer *3 m.p., 1 aum.*. Repetir de *a* (quedan 25 m.p.).
6° A 35° HILERA: tejer 1 m.p. en cada p. de la hil. anterior.
36° HILERA: tejer *3 m.p., 1 dism.*. Repetir de *a* (quedan 20 m.p.).
37° HILERA: tejer *2 m.p., 1 dism.*. Repetir de *a* (quedan 15 m.p.).
38° HILERA: tejer *1 m.p., 1 dism.*. Repetir de *a* (quedan 10 m.p.).
39° HILERA: tejer 5 dism. (quedan 5 m.p.).
Cortar el hilado dejando unos centímetros para luego cerrar con costura.
Rellenar el cuerpo con vellón.

· Orejas

Con el hilado color marrón, hacer dos piezas iguales de la siguiente manera:
1° HILERA: tejer 5 m.p. dentro de un anillo mágico. Cerrar la hilera con un p. enano.
2° HILERA: tejer 2 m.p. en cada p. de la hil. anterior (10 m.p.).
3° HILERA: tejer *1 m.p., 1 aum.*. Repetir de *a* (quedan 15 m.p.).
4° HILERA: tejer *2 m.p., 1 aum.*. Repetir de *a* (quedan 20 m.p.).
5° A 14° HILERA: tejer 1 m.p. en cada p. de la hil. anterior (20 m.p.).
15° HILERA: tejer *2 m.p., 1 dism.*. Repetir de *a* (quedan 15 m.p.).
16° HILERA: tejer 1 m.p. en cada p. de la hil. anterior.
17° HILERA: tejer *1 m.p., 1 dism.*. Repetir de *a* (quedan 10 m.p.).
18° A 20° HILERA: tejer 1 m.p. en cada p. de la hil. anterior.
Cortar el hilado dejando unos centímetros de más para luego coser orejas a la cabeza. No rellenar.

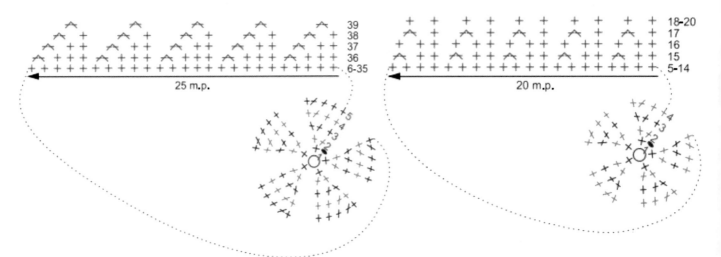

39
38
37
36
6-35
25 m.p.

18-20
17
16
15
5-14
20 m.p.

· Patas

Con el hilado color marrón, hacer cuatro piezas de la siguiente manera:
1° HILERA: 4 m.p. dentro de un anillo mágico. Cerrar la hilera con un p. enano.
2° HILERA: tejer 2 m.p. en cada p. de la hil. anterior (quedan 8 m.p.).
3° A 6° HILERA: tejer 1 m.p. en cada p. de la hil. anterior.
Cortar el hilado dejando unos centímetros de más para luego, con aguja de coser, unir cada pata al cuerpo. Rellenar las patas.

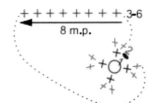

3-6
8 m.p.

· Cola

Con el hilado de color marrón, tejer:
1° HILERA: 3 m.p. dentro de un anillo mágico. Cerrar la hilera con un p. enano.
2° HILERA: tejer 2 m.p. en cada p. de la hil. anterior (quedan 6 m.p.).
3° A 15° HILERA: tejer 1 m.p. en cada p. de la hil. anterior.
Cortar el hilado dejando unos centímetros de más para luego unir la cola al cuerpo. Rellenar la cola.

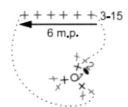

3-15
6 m.p.

· Terminación

• Coser cabeza al cuerpo.

• Coser las patas al cuerpo.

· Ojos

Con el hilado color crudo, hacer dos piezas iguales de la misma manera:
1° HILERA: 5 m.p. dentro de un anillo mágico. Cerrar la hilera con un p. enano.
2° HILERA: tejer 2 m.p. en cada p. de la hil. anterior (quedan 10 m.p.).
3° HILERA: tejer *1 m.p., 1aum.*. Repetir de *a* (quedan 15 m.p.).
Cortar el hilado dejando algunos centímetros de más para luego poder coser los ojos a la cabeza.

1, 2, 3 ovejitas!

Para contar en sueños y también para jugar, estas ovejitas harán la delicia de los más chicos.

Ovejitas

MATERIALES:
- Astrakán en color crudo e hilo multicabo y/o rústico en color beige, marrón y rosa (hilados de ARPA)
- Ojitos plásticos negros Nº 10
- Vellón
- Aguja 0000 o Nº 3, y aguja Nº 6
- Aguja para coser lana

PUNTOS UTILIZADOS:
- Anillo mágico
- Cadena (c)
- Medio punto (m.p)
- Punto enano (p. enano)

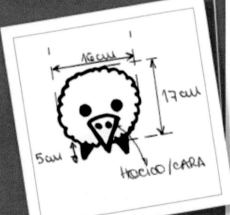

Es recomendable utilizar hilados suaves para este tipo de proyecto, ya que los niños, en ocasiones, podrían usarlas como almohaditas.

· Cabeza

Utilizar el hilado multicabo/rústico color beige y aguja 0000.

1° HILERA: realizar 8 m.p. dentro de un anillo mágico. Cerrar la hilera con un p. enano.
2° HILERA: *1 m.p., 1 aum.*. Repetir de *a* (quedan 12 m.p.).
3° HILERA: *2 m.p., 1 aum.*. Repetir de *a* (quedan 16 m.p.).
4° HILERA: *3 m.p., 1 aum.*. Repetir de *a* (quedan 20 m.p.).
5° HILERA: realizar 1 m.p. en cada punto de la hilera anterior.
6° HILERA: *4 m.p., 1 aum.*. Repetir de *a* (quedan 24 m.p.).
7° HILERA: realizar 1 m.p. en cada punto de la hilera anterior.
Posicionar los ojos entre las hileras 7 y 8, contando 11 puntos de separación entre sí.
8° HILERA: *5 m.p., 1 aum.*. Repetir de *a* (quedan 28 m.p.).
9° HILERA: realizar 1 m.p. en cada punto de la hilera anterior.
Bordar la nariz con color rosa.
10° HILERA: *6 m.p., 1 aum.*. Repetir de *a* (quedan 32 m.p.).
11° HILERA: realizar 1 m.p. en cada punto de la hilera anterior.
Realizar un p. enano en el siguiente punto y cortar el hilado dejando unos centímetros de más para luego coser la cabeza al cuerpo. Rellenar.

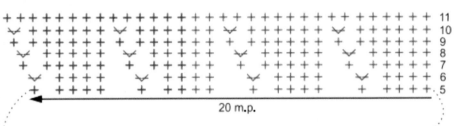

20 m.p.

· Patas

Utilizando el hilado multicabo/rústico en color marrón y aguja 0000, realizar cuatro piezas iguales de la siguiente manera:

1° HILERA: realizar 6 m.p. dentro de un anillo mágico. Cerrar la hilera con un p. enano.
2° HILERA: realizar 1 m.p. en cada punto de la hilera anterior.
3° HILERA: *1 m.p., 1 aum.*. Repetir de *a* quedan (9 m.p.).
4° HILERA: realizar 1 m.p. en cada punto de la hilera anterior.
5° HILERA: *2 m.p., 1 aum.*. Repetir de *a* (quedan 12 m.p.).
6° HILERA: realizar 1 m.p. en cada punto de la hilera anterior.
7° HILERA: *3 m.p., 1 aum.*. Repetir de *a* (quedan 15 m.p.).
8° A 9° HILERA: realizar 1 m.p. en cada punto de la hilera anterior.
Realizar un punto enano en el siguiente punto, y cortar el hilado dejando unos centímetros de más para luego coser las patas al cuerpo. Rellenar.

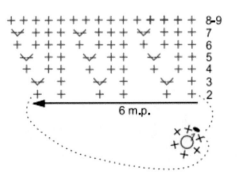

6 m.p.

· Cuerpo

Utilizar el hilado Astrakán color crudo y aguja N° 6.

1° HILERA: realizar 8 m.p. dentro de un anillo mágico. Cerrar la hilera con un p. enano.

2° HILERA: realizar 2 m.p. en cada punto de la hilera anterior (quedan 16 m.p.).

3° HILERA: *1 m.p., 1 aum.*. Repetir de *a* (quedan 24 m.p.).

4° HILERA: *2 m.p., 1 aum.*. Repetir de *a* (quedan 32 m.p.).

5° HILERA: *3 m.p., 1 aum.*. Repetir de *a* (quedan 40 m.p.).

6° HILERA: realizar *4 mp, 1 aum.*. Repetir de *a* (quedan 48 m.p.).

7° A 11° HILERA: realizar 1 m.p. en cada punto de la hilera anterior (quedan 48 m.p.).

12° HILERA: realizar *4 m.p., 1 dism.*. Repetir de *a* (quedan 40 m.p.).

13° A 14° HILERA: realizar 1 m.p. en cada punto de la hilera anterior.

15° HILERA: *3 m.p., 1 dism.*. Repetir de *a* (quedan 32 m.p.).

16° HILERA: *2 m.p., 1 dism.*. Repetir de *a* (quedan 24 m.p.).

17° HILERA: *1 m.p., 1 dism.*. Repetir de *a* (16 m.p.).

Cortar el hilado y rellenar.

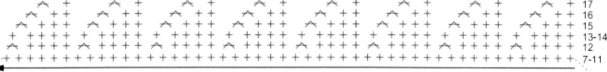

48 m.p.

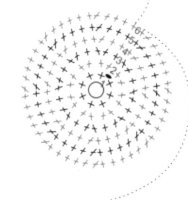

· Orejas

Utilizando el hilado multicabo/rústico en color marrón y con aguja 0000, hacer dos piezas iguales de la siguiente manera.

1° HILERA: realizar 6 m.p. dentro de un anillo mágico. Cerrar la hilera con un p. enano.

2° HILERA: realizar 2 m.p. en cada punto de la hilera anterior (quedan 12 m.p.).

3° HILERA: Con backloops, realizar 1 m.p. en cada punto de la hilera anterior (quedan 12 m.p.).

4° HILERA: realizar 1 m.p. en cada punto de la hilera anterior.

Realizar un punto enano en el siguiente punto y cortar el hilado dejando unos centímetros de más para luego coser las orejas a la cabeza. Rellenar.

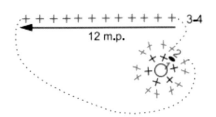

3-4

12 m.p.

· Terminación

· Coser la cabeza, las orejas y las patas al cuerpo.

Aventura en la selva

Larguiruchas amigas para compartir una tarde de juegos.

MATERIALES:

- Hilo multicabo y/o hilo rústico en los siguientes colores: para la jirafa lisa, utilizar amarillo, crudo y marrón; para la jirafa multicolor, utilizar diferentes restos de color, como pueden ser: crudo, celeste, blanco, verde, rojo, naranja, amarillo, azul, violeta, rosa y fucsia (hilados de ARPA)
- Ojitos plásticos negros N° 10
- Vellón
- Aguja 0000 o N° 3
- Aguja para coser lana

PUNTOS UTILIZADOS:

- Anillo mágico
- Cadena (c)
- Medio p. (m.p)
- P. enano (p. enano)

Si quisiéramos tejer la jirafa lisa con cuello rayado deberíamos intercambiar dos colores, uno por cada vuelta, entre las hileras 25 y 36 del cuerpo.
Si estamos tejiendo la jirafa multicolor, continuar cambiando el hilado cada dos hileras.

· Orejas

Con el hilado color marrón, hacer dos piezas iguales de la siguiente manera:
1° HILERA: realizar 6 m.p. dentro de un anillo mágico. Cerrar la hilera con un p. enano.
2° HILERA: realizar 2 m.p. en cada p. de la hil. anterior (quedan 12 m.p.).
3° HILERA: *1 m.p., 1aum.*. Repetir de *a*. (quedan 18 m.p.).
4° A 9° HILERA: realizar 1 m.p. en cada p. de la hil. anterior.
Cortar el hilado dejando unos centímetros de más para luego coser las orejas a la cabeza. No Rellenar.

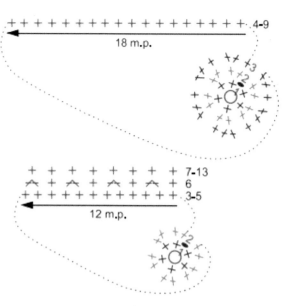

18 m.p.   4-9

· Cuernos

Con el hilado color crudo, tejer dos piezas iguales de la siguiente manera:
1° HILERA: realizar 6 m.p. dentro de un anillo mágico. Cerrar la hilera con un p. enano.
2° HILERA: realizar 2 m.p. en cada p. de la hil. anterior (quedan 12 m.p.).
3° A 5° HILERA: realizar 1 m.p. en cada p. de la hil. anterior.
6° HILERA: *1 m.p., 1 dism.*. Repetir de *a*. (quedan 8 m.p.)
7° A 13° HILERA: realizar 1 m.p. en cada p. de la hil. anterior (quedan 8 m.p.).
Cortar el hilado dejando algunos centímetros de más para luego coser los cuernos a la cabeza. Rellenar.

7-13
6
3-5
12 m.p.

· Cabeza

Comenzando con el hilado color crudo, tejer de la siguiente manera:
1° HILERA: realizar 6 m.p. dentro de un anillo mágico. Cerrar la hilera con un p. enano.
2° HILERA: realizar 2 m.p. en cada p. de la hil. anterior (quedan 12 m.p.).
3° HILERA: *1 m.p., 1 aum.*. Repetir de *a* (quedan 18 m.p.).
4° HILERA: *2 m.p., 1 aum.*. Repetir de *a* (quedan 24 m.p.).
5° HILERA: *3 m.p., 1 aum.*. Repetir de *a* (quedan 30 m.p.).
6° HILERA: *4 m.p., 1 aum.*. Repetir de *a* (quedan 36 m.p.).
7° A 10° HILERA: realizar 1 m.p. en cada p. de la hil. anterior.
A partir de aquí cambiar de color cada dos hil. para hacer la jirafa multicolor, o cambiar al color deseado si queremos tejer la jirafa lisa.
11° A 13° HILERA: realizar 1 m.p. en cada p. de la hil. anterior.
14° HILERA: *5 m.p., 1 aum.*. Repetir de *a* (quedan 42 m.p.).
15° HILERA: *6 m.p., 1 aum.*. Repetir de *a* (quedan 48 m.p.).

16 A 18° HILERA: realizar 1 m.p. en cada p. de la hil. anterior.
Posicionar o bordar los ojos entre las hil. 14 y 15, con separación de 11 p. entre ellos.
19° HILERA: *6 m.p., 1 dism.*. Repetir de *a* (quedan 42 m.p.).
20° HILERA: *4 m.p., 1 dism.*. Repetir de *a* (quedan 35 m.p.).
21° HILERA: *3 m.p., 1 dism.*. Repetir de *a* (quedan 28 m.p.).
Coser las orejas a partir de la hil. 17, con 16 p. de separación entre ellas.
Hacer lo propio con los cuernos en las mismas hil. que las orejas, pero dos p. más adentro.
22° HILERA: *2 m.p., 1 dism.*. Repetir de *a* (quedan 21 m.p.).
23° HILERA: *1 m.p., 1 dism.*. Repetir de *a* (quedan 14 m.p.).
24° HILERA: realizar 7 dism. (quedan 7 m.p.).
Cortar el hilado y coser para esconder el sobrante y cerrar los p. de la última hil. Rellenar con vellón.

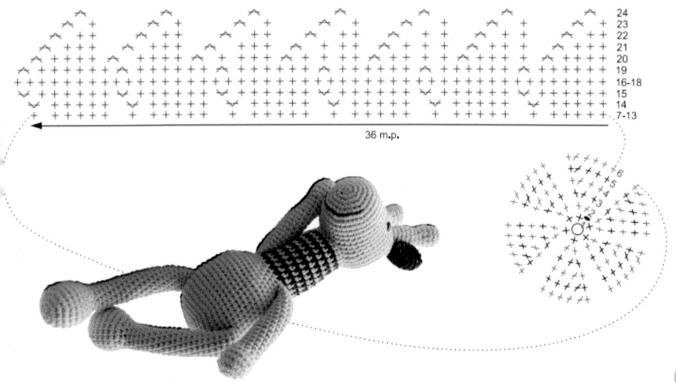

24
23
22
21
20
19
16-18
15
14
7-13
36 m.p.

6
5
4
3
2
1

· Cuerpo

Tejer con los colores seleccionados y cambiarlos cada 2 hileras.
1° HILERA: realizar 6 m.p. dentro de un anillo mágico. Cerrar la hilera con 1 p. enano.
2° HILERA: realizar 2 m.p. en cada p. de la hil. anterior (quedan 12 m.p.).
3° HILERA: *1 m.p., 1 aum.*. Repetir de *a* (quedan 18 m.p.).
4° HILERA: *2 m.p., 1 aum.*. Repetir de *a* (quedan 24 m.p.).
5° HILERA: *3 m.p., 1 aum.*. Repetir de *a* (quedan 30 m.p.).
6° HILERA: *4 m.p., 1 aum.*. Repetir de *a* (quedan 36 m.p.).
7° HILERA: *5 m.p., 1 aum.*. Repetir de *a* (quedan 42 m.p.).
8° HILERA: *6 m.p., 1 aum.*. Repetir de *a* (quedan 48 m.p.).

9° HILERA: *7 m.p., 1 aum.*. Repetir de *a* (quedan 54 m.p.).
10° A 19° HILERA: realizar 1 m.p. en cada p. de la hil. anterior.
20° HILERA: *7 m.p., 1 dism.*. Repetir de *a* (quedan 48 m.p.).
21° HILERA: *6 m.p., 1 dism.*. Repetir de *a* (quedan 42 m.p.).
22° HILERA: *5 m.p., 1 dism.*. Repetir de *a* (quedan 36 m.p.).
23° HILERA: *4 m.p., 1 dism.*. Repetir de *a* (quedan 30 m.p.).
24° HILERA: *3 m.p., 1 dism.*. Repetir de *a* (quedan 24 m.p.).
25° A 36° HILERA: realizar 1 m.p. en cada p. de la hil. anterior.
Realizar un p. enano en el sig. p. y cortar el hilado. Rellenar el cuerpo.

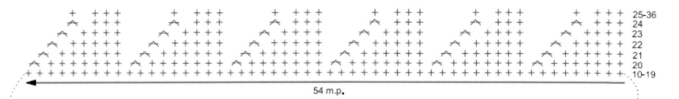

25-36
24
23
22
21
20
10-19

54 m.p.

· Brazos

Comenzando con hilado color crudo, realizar dos piezas iguales de la siguiente manera:
1° HILERA: realizar 6 m.p. dentro de un anillo mágico. Cerrar la hilera con un p. enano.
2° HILERA: realizar 2 m.p. en cada p. de la hil. anterior (quedan 12 m.p.).
3° HILERA: *1 m.p., 1 aum.*. Repetir de *a* (quedan 18 m.p.).
4° A 5° HILERA: realizar 1 m.p. en cada p. de la hil. anterior.
6° HILERA: *1 m.p., 1dism.* Repetir de *a* (quedan 12 m.p.).
Cambiar de color. A continuación, el tejido del brazo cambiará de color cada 2 hil.
En el caso de querer realizar una jirafa lisa, no tenga en cuenta este comentario, ya que utilizará un solo color.
7° A 23° HILERA: realizar 1 m.p. en cada p. de la hil. anterior.
Cortar el hilado dejando unos centímetros de más para luego coser el brazo al cuerpo. Rellenar los brazos.

7-23
6
4-5

18 m.p.

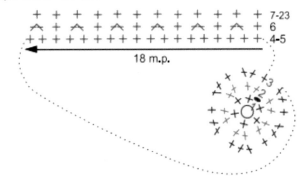

· Terminación

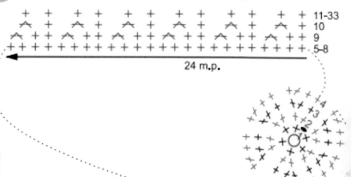

• Coser las orejas y los cuernos a la cabeza.

• Coser la cabeza al cuerpo.

• Coser los brazos y las piernas al cuerpo.

· Piernas

Comenzando con hilado color crudo, realizar dos piezas iguales.
1° HILERA: realizar 6 m.p. dentro de un anillo mágico. Cerrar la hilera con 1 p. enano.
2° HILERA: realizar 2 m.p. en cada p. de la hil. anterior (quedan 12 m.p.).
3° HILERA: *1 m.p., 1 aum.*. Repetir de *a* (quedan 18 m.p.).
4° HILERA: *2 m.p., 1 aum.*. Repetir de *a* (quedan 24 m.p.).
5° A 8° HILERA: realizar 1 m.p. en cada p. de la hil. anterior (quedan 24 m.p.).
9° HILERA: *2 m.p., 1dism.*. Repetir de *a* (quedan 18 m.p.).
10° HILERA: *1 m.p., 1dism.*. Repetir de *a* (quedan 12 m.p.).
11° A 33° HILERA: realizar 1 m.p. en cada p. de la hil. anterior. Cortar el hilado dejando algunos centímetros de más para luego coser las piernas al cuerpo. Rellenar.

11-33
10
9
5-8

24 m.p.

DIAGRAMAS DEL TEJIDO CIRCULAR

Del mismo modo que en los diagramas del tejido lineal, uno de los errores más importantes es que usualmente se malinterpreta la lectura de los diagramas.

La lectura del tejido circular es siempre en sentido anti-horario y se parte de la cadena de inicio de la hilera.

El sentido del tejido coincide con la lectura del diagrama.

ERROR FRECUENTE

- Leer todas las hileras en sentido horario.

- No reconocer el inicio de la hilera.

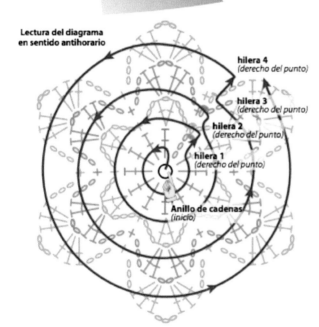

Lectura del diagrama en sentido antihorario

hilera 4
(derecho del punto)

hilera 3
(derecho del punto)

hilera 2
(derecho del punto)

hilera 1
(derecho del punto)

Anillo de cadenas
(inicio)

HILERA 4
HILERA 3
HILERA 2
HILERA 1

DERECHO Y REVÉS DEL PUNTO

En la técnica circular todos los puntos de las hileras se ven del derecho, puesto que al cerrar cada hilera no se gira el tejido y siempre se teje sobre el mismo frente.

ERROR FRECUENTE

- No reconocer el derecho y el revés de los puntos.

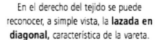

En el derecho del tejido se puede reconocer, a simple vista, la **lazada en diagonal**, característica de la vareta.

En el revés del tejido **no se ve la lazada** diagonal de la vareta.

DERECHO Y REVÉS DEL TEJIDO

El derecho del tejido, en la técnica circular, coincide con el derecho de todos los puntos, salvo que por algún efecto del motivo esto se altere.

ERROR FRECUENTE

- No reconocer el derecho del tejido.

En la última hilera se tienen que ver los **eslabones de las cadenas**.

En el revés, en lugar de eslabones, se ven como unas **puntadas paralelas**.

Made in United States
Orlando, FL
02 December 2024

54886139R00018